La Biografia di Giacomo Matteotti

Vita, Morte e Eredità di un Eroe Contro il Fascismo

Nolan walker

Sommario

Capitolo 7: Eredità e Riconoscimenti

Conclusione

Introduzione

Nelle pagine che seguono, ci immergeremo nella vita e nel leggendario impegno politico di Giacomo Matteotti, figura iconica nella storia italiana del XX secolo. Attraverso le sue vicende personali e il coraggio delle sue azioni, Matteotti si distinse come una voce coraggiosa e implacabile oppositore del fascismo emergente in Italia.

Nato il 22 maggio 1885 in una famiglia benestante di Fratta Polesine, nella provincia di Rovigo, Matteotti sviluppò fin da giovane un profondo impegno per la giustizia sociale e la democrazia. La sua formazione legale all'Università di Bologna fornì le basi intellettuali per il suo futuro coinvolgimento nel movimento socialista italiano.

Tuttavia, il destino di Matteotti sarebbe stato profondamente segnato dagli eventi tumultuosi della prima metà del XX secolo. Il suo rifiuto dell'ingiustizia e della violenza fascista lo portò a diventare una figura di spicco nell'opposizione politica contro il regime di Benito Mussolini. Attraverso la sua eloquenza e il suo impegno inflessibile, Matteotti si guadagnò la stima e l'ammirazione di molti italiani che condividevano le sue convinzioni.

Uno dei momenti più significativi della sua carriera politica fu il suo discorso al Parlamento italiano il 30 maggio 1924, in cui denunciò apertamente le frodi e le violenze perpetrate dai fascisti durante le elezioni generali di quell'anno. Questo atto di coraggio gli costò la vita undici giorni dopo, quando fu rapito e brutalmente assassinato da membri del regime fascista.

L'omicidio di Matteotti scosse profondamente l'Italia e scatenò una crisi politica senza precedenti. La sua morte non solo sollevò interrogativi sulla moralità e la legittimità del regime fascista, ma alimentò anche il risveglio di un sentimento di opposizione e resistenza tra gli italiani che si opponevano al totalitarismo.

Nel corso degli anni successivi, l'eredità di Giacomo Matteotti è stata celebrata e onorata in tutta Italia attraverso monumenti, opere d'arte e commemorazioni pubbliche. La sua vita e il suo sacrificio continuano a ispirare coloro che lottano per la libertà, la giustizia e la democrazia in tutto il mondo.

In questa biografia, cercheremo di gettare luce sulla vita straordinaria e il leggendario coraggio di Giacomo Matteotti, esaminando il suo impatto duraturo sulla storia italiana e il suo ruolo nell'eterna lotta per i valori umani fondamentali. Attraverso la sua storia, speriamo di trarre ispirazione e riflessione su ciò che significa resistere alle forze dell'oppressione e difendere la dignità e la libertà di ogni individuo.

Capitolo 1: Giovinezza e Inizi Politici (1885-1919)

Sezione 1: Nato in una Famiglia Agiata a Fratta Polesine, Veneto

Giacomo Matteotti, figura eminente della scena politica italiana, sorse alla luce il 22 maggio 1885 in un contesto familiare agiato a Fratta Polesine, nella suggestiva provincia di Rovigo, nel cuore della regione del Veneto. Figlio di una famiglia benestante, Matteotti trasse ispirazione dalla sua infanzia trascorsa tra le comodità di una famiglia che, pur dotata di ricchezza, lo educò ai valori dell'impegno sociale e dell'uguaglianza.

Fratta Polesine, con i suoi paesaggi dipinti di campi fertili e storia antica, fornì il contesto ideale per la crescita di un giovane destinato a plasmare il destino politico del suo paese. Questa pittoresca cittadina veneta, situata nella provincia di Rovigo, ebbe l'onore di vedere nascere uno dei più ardenti sostenitori della causa socialista.

La famiglia Matteotti, devota alla cultura e al progresso, contribuì in modo significativo alla formazione intellettuale di Giacomo. Fin da giovane, mostrò una spiccata inclinazione verso la giustizia sociale e l'uguaglianza, sentimenti che lo avrebbero guidato lungo il tortuoso sentiero della politica progressista.

La scelta di Matteotti di intraprendere gli studi legali presso l'Università di Bologna si rivelò un passo cruciale nel suo percorso di formazione. Lì, immerso nell'ambiente accademico e circondato da menti illuminate, coltivò le sue idee progressiste, consolidando le fondamenta di un impegno politico che avrebbe caratterizzato il resto della sua vita.

La sua formazione accademica non fu solo un percorso di studio, ma un terreno fertile per l'approfondimento delle sue convinzioni socialiste. L'atmosfera intellettuale di Bologna, intrisa di dibattiti accesi e idee rivoluzionarie, contribuì a plasmare la prospettiva di Matteotti, trasformandolo da studente appassionato a avvocato dotato di una solida comprensione delle dinamiche sociali e politiche del suo tempo.

L'ateismo di Matteotti, una caratteristica che lo contraddistinse fin dalla giovinezza, si sviluppò in parallelo alla sua crescente critica nei confronti delle ingiustizie sociali. Sin da giovane attivista del movimento socialista italiano, si oppose con fervore all'entrata dell'Italia nella Prima Guerra Mondiale, un'opposizione che lo portò persino all'internamento in Sicilia durante il conflitto.

L'educazione ricevuta in famiglia e gli insegnamenti accademici a Bologna plasmarono un individuo determinato a contribuire al cambiamento sociale attraverso il suo impegno politico. Il giovane Matteotti emerse dalla sua giovinezza agiata con una visione chiara e una dedizione incrollabile verso la realizzazione di una società più giusta ed equa.

Il contesto familiare privilegiato, dunque, fu la culla in cui si formò la personalità intraprendente di Giacomo Matteotti, una personalità destinata a sfidare le convenzioni dell'epoca e a lottare per un'Italia basata sui principi di giustizia e uguaglianza. Con il diploma di laurea in legge in mano e il fuoco dell'attivismo socialista nel cuore, Giacomo Matteotti si preparava a intraprendere un viaggio che avrebbe segnato profondamente la storia politica della sua nazione.

Sezione 2: Laurea in Legge all'Università di Bologna

Giacomo Matteotti, nato il 22 maggio 1885 in una famiglia benestante a Fratta Polesine, nella provincia di Rovigo, Veneto, mostrò sin da giovane una predisposizione verso l'impegno civile e politico. Crescendo in un ambiente che valorizzava l'istruzione e la partecipazione attiva nella società, Matteotti intraprese un percorso che lo avrebbe portato a diventare una figura centrale nella politica italiana del XX secolo.

La sua formazione accademica iniziò con gli studi di legge presso l'Università di Bologna, un istituto di eccellenza noto per la sua lunga tradizione nel campo giuridico. Qui, Matteotti si immerse nei rigori intellettuali della disciplina legale, sviluppando una profonda comprensione dei principi giuridici e delle dinamiche politiche che avrebbero plasmato il suo futuro.

La laurea in legge non rappresentò solo un traguardo accademico per Matteotti, ma costituì un fondamento solido per la sua futura carriera politica. La sua formazione legale gli fornì gli strumenti necessari per analizzare criticamente le questioni politiche e sociali, unendo la conoscenza teorica acquisita all'esperienza pratica che avrebbe maturato negli anni successivi.

Matteotti, sin dall'inizio, dimostrò una inclinazione verso la difesa dei valori democratici e dei diritti civili. Questa prospettiva influenzò le sue posizioni durante gli anni tumultuosi della Prima Guerra Mondiale, durante la quale si oppose fermamente all'entrata dell'Italia nel conflitto. La sua opposizione gli valse l'internamento in Sicilia, un periodo difficile che tuttavia rafforzò la sua determinazione a difendere le sue convinzioni.

La laurea in legge non fu solo un traguardo accademico per Matteotti, ma rappresentò un passo significativo nella sua crescita come intellettuale impegnato e attivista politico. Durante gli anni universitari, sviluppò un forte senso di responsabilità sociale e un impegno costante per il bene comune. Questi valori sarebbero diventati la linfa vitale della sua futura carriera politica.

Nella prossima sezione esploreremo l'impatto dell'attivismo di Matteotti durante la Prima Guerra Mondiale e come questa fase della sua vita abbia contribuito a plasmare il corso della sua carriera politica nascente.

Sezione 3: Attivismo Precoce nel Movimento Socialista e Opposizione alla Prima Guerra Mondiale

Fin dai suoi primi anni, Giacomo Matteotti dimostrò un precoce impegno nel movimento socialista italiano. Nato il 22 maggio 1885 a Fratta Polesine, in una famiglia benestante, Matteotti sviluppò un profondo interesse per le questioni sociali e politiche fin dai giorni universitari.

Dopo essersi laureato in legge all'Università di Bologna, Matteotti abbracciò apertamente le ideologie socialiste e divenne attivo nel Partito Socialista Italiano (PSI). La sua opposizione al fascismo trovò radici anche nel suo rifiuto dell'ingresso dell'Italia nella Prima Guerra Mondiale. In contrasto con molti suoi contemporanei, Matteotti fu un critico ardente della guerra e venne internato in Sicilia per il suo rifiuto di sostenere il conflitto.

La sua opposizione alla guerra non era solo un atto di coraggio personale ma una dichiarazione di principi basati sulla sua convinzione che il conflitto avrebbe portato a sofferenze umane e avrebbe minato i valori fondamentali della solidarietà e della giustizia sociale.

Matteotti, in quanto seguace di Filippo Turati, divenne una figura di spicco nel movimento socialista, contribuendo a plasmare la direzione riformista del Partito Socialista Italiano. La sua voce si levò contro le politiche militariste e autoritarie del governo, stabilendo le fondamenta per il suo futuro ruolo di oppositore del regime fascista.

La sua opposizione alla guerra e il suo impegno per ideali socialisti anticiparono la sua notevole carriera politica, segnando il cammino per una leadership che avrebbe sfidato le forze oppressive e contribuito a modellare il corso della storia politica italiana.

Questo periodo formativo nella giovinezza di Matteotti non solo svela la sua forza morale, ma getta le basi per il suo successivo ruolo di spicco nel panorama politico italiano e la sua lotta instancabile contro il fascismo emergente.

Capitolo 2: Carriera Politica e Leadership (1919-1924)

Sezione 1: Eletto deputato nel 1919, 1921 e 1924

Giacomo Matteotti si distinse nel panorama politico italiano per la sua eloquenza, il suo impegno e la sua dedizione alla causa socialista. La sua carriera politica iniziò con la sua elezione come deputato alla Camera dei Deputati nel 1919, segnando l'inizio di una lunga serie di servizi pubblici dedicati al miglioramento delle condizioni delle classi lavoratrici e alla difesa dei valori democratici.

Nel clima tumultuoso del dopoguerra, Matteotti emerse come una figura prominente all'interno del Partito Socialista Italiano (PSI), contribuendo con il suo fervore e la sua visione progressista alla crescita e alla solidificazione del movimento socialista. La sua elezione come deputato nel 1919 rappresentò un punto di svolta significativo nella sua carriera politica, fornendo la piattaforma necessaria per portare avanti le sue idee e promuovere riforme sociali ed economiche volte a migliorare le condizioni delle masse lavoratrici.

La rielezione di Matteotti nel 1921 confermò il suo status di leader emergente all'interno del PSI e lo pose al centro della scena politica nazionale. In questo periodo, Matteotti si distinse per il suo impegno incrollabile nei confronti dei valori socialisti e per la sua abilità nel negoziare e mediare tra le varie fazioni all'interno del partito, contribuendo così alla costruzione di coalizioni politiche solide e alla promozione di politiche progressiste.

Tuttavia, il periodo che precedette la sua terza elezione nel 1924 fu segnato da crescenti tensioni politiche e dalla sempre più evidente minaccia rappresentata dall'ascesa del movimento fascista in Italia. Nonostante le crescenti sfide e le pressioni politiche, Matteotti mantenne salda la sua fede nei principi democratici e continuò a lavorare instancabilmente per difendere i diritti e le libertà dei cittadini italiani.

La sua elezione nel 1924 si svolse in un contesto politico sempre più ostile, con il Partito Nazionale Fascista (PNF) che cercava di consolidare il suo potere e sopprimere qualsiasi forma di opposizione. Tuttavia, Matteotti non si lasciò intimidire e continuò a combattere per la giustizia e la democrazia, sfidando apertamente il regime fascista e denunciando le sue tattiche oppressive e antidemocratiche.

In sintesi, l'elezione di Giacomo Matteotti come deputato nel 1919, 1921 e 1924 rappresentò un momento cruciale nella sua carriera politica e testimoniò il suo impegno incrollabile nei confronti della causa socialista e della difesa dei principi democratici. La sua leadership e il suo coraggio nell'affrontare le sfide politiche e sociali dell'epoca lo resero una figura di spicco nella storia italiana e un simbolo della lotta per la libertà e la giustizia sociale.

Sezione 2: Leader del Partito Socialista Unitario e Riformista

Dopo essersi affermato come una voce autorevole nel panorama politico italiano, Giacomo Matteotti divenne il leader del Partito Socialista Unitario e Riformista. Questo ruolo non fu semplicemente un titolo formale, ma una posizione di guida che lo portò a incarnare i valori e gli ideali del movimento socialista italiano durante un periodo cruciale della sua storia.

Matteotti si distinse per la sua leadership assertiva e per la sua abilità nel navigare le complesse dinamiche della politica italiana del tempo. Pur essendo un sostenitore convinto dei principi socialisti, comprese l'importanza della coalizione e della collaborazione con altre forze politiche per ottenere risultati concreti. In un periodo segnato da tensioni politiche e sociali, Matteotti si distinse per la sua capacità di costruire ponti tra diverse fazioni politiche, lavorando instancabilmente per promuovere un'agenda di riforme sociali ed economiche.

Come leader del Partito Socialista Unitario e Riformista, Matteotti si impegnò per difendere i diritti dei lavoratori e delle classi sociali meno fortunate. La sua leadership si manifestò attraverso la promozione di politiche volte a migliorare le condizioni di vita delle persone comuni, attraverso l'implementazione di misure per combattere la povertà, l'insicurezza economica e le disuguaglianze sociali.

Ma Matteotti non era solo un leader politico; era anche un intellettuale impegnato e un oratore eloquente. Le sue abilità retoriche gli consentirono di mobilitare il sostegno per le sue cause e di ispirare i suoi seguaci con il suo fervore e la sua passione per la giustizia sociale. Le sue parole avevano il potere di spostare le masse e di influenzare il corso degli eventi politici.

Tuttavia, la leadership di Matteotti non fu priva di sfide e ostacoli. In un contesto politico dominato da forze conservatrici e reazionarie, dovette affrontare l'opposizione e la resistenza da parte di coloro che temevano il cambiamento e cercavano di preservare lo status quo. Nonostante ciò, Matteotti mantenne la sua determinazione e la sua integrità, rimanendo saldo nei suoi principi e nella sua visione di un'Italia più equa e progressista.

Nel corso dei suoi anni di leadership, Matteotti si guadagnò il rispetto e l'ammirazione di molti per il suo impegno incrollabile verso la causa del socialismo e della democrazia. Anche dopo la sua tragica scomparsa, il suo spirito e il suo lascito continuarono a vivere attraverso coloro che continuarono la lotta per i valori che aveva tanto valorosamente difeso. La sua leadership rimane un esempio di coraggio, determinazione e impegno per il bene comune, un faro di ispirazione per le generazioni future.

Sezione 3: Seguace di Filippo Turati e Oppositore Dichiarato del Fascismo

Dopo essere stato eletto deputato per la prima volta nel 1919, Giacomo Matteotti si trovò immerso in un contesto politico tumultuoso e in rapida evoluzione. Fu in questo periodo che Matteotti emerse come uno dei principali seguaci di Filippo Turati, uno dei fondatori del Partito Socialista Italiano e uno dei principali esponenti del socialismo riformista.

Matteotti abbracciò pienamente le idee e i principi di Turati, che promuovevano una visione del socialismo basata sulla riforma e sulla collaborazione con le istituzioni democratiche esistenti. Questo approccio differiva nettamente dall'ala più radicale del movimento socialista, che propugnava la rivoluzione violenta e il rovesciamento dell'ordine costituito.

In qualità di seguace di Turati, Matteotti si distinse per il suo impegno nel lavorare all'interno del sistema politico esistente per promuovere riforme sociali e miglioramenti per i lavoratori e le classi meno abbienti. La sua partecipazione attiva alla politica parlamentare lo portò a essere eletto deputato per tre mandati consecutivi, dimostrando così la sua popolarità e la fiducia riposta in lui dagli elettori.

Tuttavia, il periodo che segnò veramente la carriera politica di Matteotti fu il periodo di ascesa del fascismo in Italia. Di fronte alla minaccia rappresentata dal regime di Benito Mussolini, Matteotti si distinse come un feroce oppositore del fascismo e della sua ideologia totalitaria.

Manifestò apertamente la sua opposizione al fascismo attraverso discorsi appassionati e denunce pubbliche delle violenze perpetrate dai fascisti contro i dissidenti politici e i gruppi minoritari. La sua voce si erse come una delle più autorevoli nel panorama politico italiano, guadagnandosi il rispetto e l'ammirazione di molti che condividevano le sue convinzioni.

Tuttavia, il coraggio e la determinazione di Matteotti non passarono inosservati agli occhi del regime fascista, che vedeva in lui un pericoloso avversario da neutralizzare. La sua scomparsa tragica nel giugno del 1924, seguita da un rapido e controverso processo contro i presunti responsabili, scosse profondamente l'Italia e il mondo intero, suscitando una valanga di indignazione e proteste contro il regime fascista.

La sua morte, sebbene avesse tolto fisicamente Matteotti dalla scena politica italiana, non fece che rafforzare il suo status di martire della democrazia e della libertà, continuando a ispirare generazioni successive di politici e attivisti impegnati nella difesa dei valori democratici e dei diritti umani.

Matteotti rimane così un faro di speranza e un simbolo di coraggio civico, il cui sacrificio non sarà mai dimenticato nella storia dell'Italia e del mondo.

Capitolo 3: Opposizione al Fascismo e Condanna (1921-1924)

Sezione 1: Denuncia della violenza fascista nel 1921

Giacomo Matteotti, uomo di principi e voce chiara nella sua opposizione al fascismo, raggiunse un punto cruciale nel suo impegno nel 1921 quando decise di denunciare apertamente la violenza perpetuata dai fascisti. In quel periodo, l'Italia era immersa in una turbolenta transizione politica, e Matteotti, seguace convinto di Filippo Turati, si trovò sempre più isolato di fronte all'ascesa del Partito Nazionale Fascista (PNF) di Benito Mussolini.

Matteotti non esitò a esporre la sua indignazione nei confronti degli atti violenti commessi dai fascisti. Nel 1921, attraverso un pamphlet intitolato "La Violenza Fascista: Un'Indagine Socialista sulle Gestazioni dei Fascisti in Italia," il deputato socialista gettò luce cruda su episodi di brutalità perpetrati dal PNF. La sua analisi dettagliata e documentata fornì una testimonianza incisiva della crescita di una forza politica che ricorreva alla violenza per ottenere consensi.

Nel pamphlet, Matteotti delineò con precisione gli atti di intimidazione, le aggressioni fisiche e la minaccia sistematica che caratterizzavano le azioni fasciste. La sua denuncia non era solo un atto di coraggio personale, ma un tentativo di aprire gli occhi della nazione sulla natura pericolosa e distruttiva del fascismo emergente.

Matteotti sottolineò la minaccia intrinseca alla democrazia rappresentata dalla violenza fascista, mettendo in guardia contro le conseguenze nefaste che questa poteva avere sul processo politico. La sua presa di posizione fu supportata da dati concreti e testimonianze, dando alla sua denuncia un peso significativo.

In risposta alle sue affermazioni, Matteotti dovette affrontare una crescente ostilità da parte dei fascisti, che cercavano di zittirlo attraverso minacce e intimidazioni. Tuttavia, la sua determinazione a portare alla luce la verità prevalse sulla paura personale.

La denuncia della violenza fascista da parte di Giacomo Matteotti nel 1921 non fu solo un atto di opposizione politica, ma un richiamo all'etica e ai principi democratici. Era consapevole che il suo impegno avrebbe avuto conseguenze, ma la sua integrità morale lo spinse a parlare, aprendo la strada a una strenua opposizione contro il fascismo negli anni a venire.

Sezione 2: Pubblicazione de "Gli Squadrismi Svelati: Un Anno di Dominio Fascista"

Giacomo Matteotti emerse come figura di spicco nell'opposizione al regime fascista di Benito Mussolini, unendo la sua voce al coro di coloro che denunciavano le violenze e gli abusi perpetrati dai Fascisti. Il suo impegno contro il fascismo si concretizzò in modo particolare con la pubblicazione del pamphlet "Gli Squadrismi Svelati: Un Anno di Dominio Fascista".

Il pamphlet, pubblicato nel 1921, si presentava come una denuncia coraggiosa e incisiva delle azioni delle squadre paramilitari fasciste, conosciute come "Squadristi". Matteotti, con la sua abilità retorica e la conoscenza approfondita degli avvenimenti, gettò luce sulle brutalità e sul clima di intimidazione perpetrati dai Fascisti in Italia.

Attraverso pagine eloquenti, Matteotti espose dettagliatamente gli atti di violenza, i soprusi e la manipolazione politica perpetrati dalle Squadre. Il suo obiettivo era chiaro: mettere in guardia il pubblico italiano e la comunità internazionale sulla minaccia crescente che il fascismo rappresentava per la democrazia e i valori fondamentali della società.

La pubblicazione rappresentò un punto di svolta nella lotta di Matteotti contro il regime di Mussolini. Le sue parole penetranti e documentate suscitarono indignazione e attirarono l'attenzione sulle tattiche brutali adottate dai Fascisti per ottenere il potere.

Nel 1924, la sua opposizione al fascismo raggiunse l'apice quando pronunciò un discorso memorabile in Parlamento il 30 maggio. In questa occasione, Matteotti denunciò apertamente le frodi e le violenze perpetrate dai Fascisti durante le elezioni generali del 1924, mettendo in discussione la validità del processo elettorale stesso.

Il contributo di Matteotti alla resistenza antifascista rimane un esempio di coraggio civico e dedizione alla verità. La sua pubblicazione "Gli Squadrismi Svelati" non solo testimonia la sua ferma opposizione al fascismo, ma anche la sua volontà di sfidare le forze oppressive attraverso la divulgazione e la denuncia pubblica.

Con il passare degli anni, questa pubblicazione rimane un documento prezioso per comprendere il periodo turbolento della storia italiana e l'impegno incrollabile di Giacomo Matteotti nella difesa dei principi democratici.

Sezione 3: Discorso in Parlamento il 30 maggio 1924, esponendo le frodi nelle elezioni del 1924

Il 30 maggio 1924 rimarrà impresso nella memoria collettiva come il giorno in cui Giacomo Matteotti, con coraggio e determinazione, sfidò apertamente il regime fascista di Benito Mussolini di fronte al Parlamento italiano. Quel giorno, Matteotti pronunciò un discorso che avrebbe segnato un momento cruciale nella storia politica italiana, denunciando pubblicamente le frodi e le violenze commesse durante le elezioni generali del 1924.

Con voce ferma e convinzione incrollabile, Matteotti mise in luce le pratiche fraudolente messe in atto dal Partito Nazionale Fascista (PNF) per ottenere la vittoria elettorale. Espose dettagliatamente casi di intimidazione, coercizione e manipolazione del processo elettorale, dimostrando con chiarezza la violazione dei principi democratici fondamentali. Il suo discorso non fu solo un atto di coraggio individuale, ma anche un atto di difesa della democrazia e dello Stato di diritto.

Matteotti evidenziò come, nonostante le promesse di un sistema elettorale equo e trasparente, le elezioni del 1924 fossero state viziante dalla violenza e dall'intimidazione messe in atto dai fascisti. Raccontò di comizi sabotati, di oppositori politici minacciati e aggrediti, e di una campagna elettorale caratterizzata da un clima di terrore e repressione. La sua testimonianza gettò una luce accecante sulla realtà distorta e corrotta del processo democratico sotto il regime fascista.

Nel suo discorso, Matteotti non si limitò a denunciare le frodi e le violenze elettorali, ma condannò anche il sistema politico e sociale promosso dal fascismo. Sottolineò il pericolo rappresentato dalla concentrazione di potere nelle mani di un'unica fazione politica, la minaccia alla libertà di pensiero e di espressione, e la violazione dei diritti umani fondamentali. Il suo appello alla difesa dei valori democratici e alla resistenza contro l'oppressione fu un richiamo all'unità e alla solidarietà della nazione italiana.

Il discorso di Matteotti non passò inosservato, scuotendo le fondamenta del regime fascista e suscitando reazioni contrastanti in tutto il paese. Da un lato, venne accolto con ammirazione e rispetto da coloro che condividevano il suo impegno per la libertà e la giustizia. Dall'altro, scatenò la furia e il disprezzo dei sostenitori del regime, che cercarono di screditare e minimizzare le sue accuse.

Nonostante le minacce e le intimidazioni, Matteotti rimase saldo nelle sue convinzioni e continuò la sua battaglia per la verità e la giustizia. Il suo coraggio e la sua integrità morale ispirarono milioni di italiani a opporsi al regime fascista e a difendere i valori democratici. Il suo sacrificio non sarà mai dimenticato, e il suo discorso resterà un monito contro ogni forma di oppressione e tirannia.

Capitolo 4: Assassinio e Conseguenze (10 giugno 1924)

Sezione 1: Rapimento e Omicidio da Parte dei Fascisti

La mattina del 10 giugno 1924, Giacomo Matteotti, figura di spicco dell'opposizione al regime fascista di Benito Mussolini, si trovava a Roma per espletare le sue normali attività politiche. Quella giornata si trasformò in una tragica svolta per la storia italiana, segnata dal rapimento e dall'omicidio di Matteotti per mano dei fascisti.

Gli eventi di quel giorno si svolsero con una precisione spaventosa e un cinismo che lasciò l'Italia intera sgomenta. Matteotti, dopo una giornata di lavoro al

Parlamento, fu avvicinato da un gruppo di individui armati e mascherati, identificati come affiliati al Partito Nazionale Fascista. Con la forza, lo fecero salire a bordo di una Lancia Kappa, dove fu brutalmente aggredito e pugnalato più volte con un attizzatoio da falegname mentre cercava disperatamente di opporre resistenza.

Il rapimento e l'assassinio di Matteotti non solo furono un atto di violenza contro un singolo individuo, ma rappresentarono un attacco diretto alla democrazia e allo stato di diritto in Italia. Matteotti, con il suo coraggio e la sua determinazione nel denunciare le frodi e la violenza fascista, incarnava la voce dell'opposizione democratica, un baluardo contro l'ascesa del totalitarismo.

Le conseguenze immediate dell'assassinio di Matteotti furono profonde e scossero l'Italia fino alle sue fondamenta. L'opinione pubblica, indignata e atterrita dall'audacia dei fascisti nel compiere un tale crimine, si mobilitò in massa per chiedere giustizia e rendere conto dei responsabili. Tuttavia, la risposta del regime fascista fu caratterizzata da un cinismo e un disprezzo per la giustizia che sconcertò ancora di più il popolo italiano.

Mussolini e il suo governo tentarono inizialmente di minimizzare il significato dell'omicidio di Matteotti, cercando di distanziarsi dal coinvolgimento diretto nel crimine. Tuttavia, le prove schiaccianti e le testimonianze oculari non lasciavano dubbi sulla complicità del regime fascista nell'assassinio di un membro dell'opposizione politica.

La morte di Matteotti scatenò una reazione a catena di indignazione e protesta in tutto il paese. Le organizzazioni sindacali, i partiti politici e la società civile si unirono in un coro unanime di condanna del regime fascista e delle sue pratiche autoritarie. Tuttavia, nonostante la crescente pressione interna e internazionale, Mussolini mantenne il suo ferreo controllo sul potere, utilizzando la violenza e l'intimidazione per soffocare qualsiasi dissenso.

In conclusione, l'assassinio di Giacomo Matteotti segnò un punto di svolta nella storia italiana, evidenziando la brutale natura del regime fascista e la sua determinazione nel reprimere qualsiasi forma di opposizione. Tuttavia, la sua morte non fu vana. Matteotti rimane un simbolo di coraggio e sacrificio nella lotta per la libertà e la democrazia, un monito costante contro le minacce autoritarie e la violenza politica.

<u>**Sezione 2: Critiche diffuse al fascismo e la Crisi Matteotti**</u>

Dopo il feroce assassinio di Giacomo Matteotti il 10 giugno 1924, l'Italia si trovò sospesa tra l'orrore e l'indignazione. La voce del parlamentare socialista, che aveva osato sfidare il regime fascista e denunciare le sue malefatte, era stata brutalmente zittita. Tuttavia, al posto del silenzio imposto, si levò un coro unanime di condanna e protesta contro il fascismo di Benito Mussolini.

Le critiche diffuse al fascismo si trasformarono rapidamente in una crisi politica senza precedenti, che sarebbe passata alla storia come la "Crisi Matteotti". Le parole di Matteotti, pronunciate nell'aula parlamentare il 30 maggio 1924, avevano scosso le fondamenta del regime. Egli aveva svelato senza paura le frodi commesse durante le elezioni fasciste e aveva denunciato la violenza sistematica utilizzata per ottenere consensi.

La società italiana, inorridita dalla violenza brutale inflitta a un membro del Parlamento, si trovò di fronte a una scelta fondamentale. La morte di Matteotti non fu solo un omicidio politico; fu un attacco alla democrazia stessa. Le strade furono invase da cittadini indignati, scioperi furono minacciati in segno di protesta, ma l'opposizione preferì porre l'accento su una "questione morale".

Il fascismo rispose con una serie articolata di depistaggi, ostacoli alla giustizia e piste false, cercando di chiudere la questione morale. Mussolini, il cui governo non collassò e il cui posto fu rafforzato da un voto favorevole del Senato, si trovò di fronte a un'opposizione che si ritirò sul "Monte Aventino", emulando gli antichi plebei romani. La speranza era costringere il re a agire contro Mussolini, ma ciò rafforzò invece il Duce.

Il re Vittorio Emanuele III rifiutò di rimuovere Mussolini, temendo che costringerlo alle dimissioni potesse essere considerato un colpo di stato, potenzialmente scatenando una guerra civile tra l'esercito e i Camicie Nere. Tuttavia, l'estate vide il processo contro gli assassini presunti di Matteotti e la scoperta del suo corpo, riaccendendo l'ira contro Mussolini. I giornali lanciarono attacchi feroci contro di lui e il movimento fascista.

Il 13 settembre, in un atto di rappresaglia per l'omicidio di Matteotti, Armando Casalini, un deputato fascista di destra, fu ucciso su un tram. Durante l'autunno del 1924, l'ala estremista del Partito Fascista minacciò Mussolini di un colpo di stato e lo affrontò nella notte di San Silvestro del 1924. Mussolini orchestrò una contro-manovra e il 3 gennaio 1925 tenne un famoso discorso attaccando gli antifascisti, affermando con orgoglio la sua leadership e avvertendo che Fascismo avrebbe assicurato la stabilità all'Italia in qualsiasi modo necessario.

La Crisi Matteotti non solo sollevò interrogativi sulla moralità del regime fascista, ma minò anche la base di consenso di Mussolini. Molti fascisti abbandonarono il partito, e il governo rischiava il collasso. Tuttavia, Mussolini riuscì a guadagnare un voto favorevole dal Senato del Regno dopo settimane di confusione.

In questa fase tumultuosa, la politica italiana si trova ad un bivio cruciale, e Mussolini deve affrontare le conseguenze del tumulto causato dall'omicidio di Matteotti.

L'opinione pubblica continuò a esprimere indignazione nei confronti di Mussolini e del suo governo. Tuttavia, la mancanza di azioni decisive da parte del re e le divisioni nell'opposizione indebolirono gli sforzi di porre fine al dominio di Mussolini. Le rivelazioni su presunte collusioni tra Mussolini e aziende straniere, come l'accusa di tangenti da parte della Sinclair Oil, contribuirono ad alimentare il malcontento pubblico.

Durante il periodo successivo, la crisi politica si intrecciò con il processo contro i presunti assassini di Matteotti. Solo tre uomini, Amerigo Dumini, Giuseppe Viola, e Amleto Poveromo, furono condannati e poi rilasciati per amnistia da Re Vittorio Emanuele III. Il processo non portò a prove conclamanti dell'implicazione diretta di Mussolini nell'assassinio di Matteotti.

Il dibattito sulla responsabilità morale di Mussolini nell'omicidio di Matteotti rimase controverso. Storici come Renzo De Felice e Aurelio Lepre avevano il sospetto che Mussolini volesse la morte di Matteotti, anche se non esistevano prove concrete. Tuttavia, ciò contribuì a gettare un'ombra di dubbio sulla figura del Duce.

Mauro Canali avanzò l'ipotesi che Mussolini avesse ordinato l'omicidio a causa delle rivelazioni imminenti sulle connessioni illecite con la Sinclair Oil. Questa tesi suggerisce che Matteotti stesse per rendere pubblici documenti compromettenti che dimostravano che Mussolini e i suoi collaboratori avevano concesso esclusivamente a Sinclair Oil i diritti su tutte le riserve petrolifere italiane.

La Crisi Matteotti rappresentò una delle fasi più turbolente e critiche del regime fascista in Italia, mettendo a dura prova il governo di Mussolini e rivelando profonde tensioni politiche e sociali. Il suo impatto si estese ben oltre il periodo immediatamente successivo all'assassinio, influenzando l'evoluzione della politica italiana e gettando un'ombra duratura sulla figura di Benito Mussolini.

La morte di Giacomo Matteotti, invece di soffocare l'opposizione, incanalò l'indignazione popolare verso una crescente resistenza contro il fascismo, segnando un capitolo cruciale nella storia dell'Italia moderna.

<u>**Sezione 3: Il ruolo di Mussolini e le teorie dibattute**</u>

L'assassinio di Giacomo Matteotti il 10 giugno 1924 scosse profondamente l'Italia e alimentò un acceso dibattito sul coinvolgimento di Benito Mussolini e del suo regime fascista. Numerose teorie emersero nel tentativo di spiegare gli eventi e stabilire la responsabilità politica e morale del Duce.

Renzo De Felice, principale biografo di Mussolini, fu convinto che il Duce non fosse innocente. Altri storici, tra cui Aurelio Lepre ed Emilio Gentile, sostennero l'idea che Mussolini avesse voluto la morte di Matteotti.

Carlo Silvestri, ex socialista e giornalista antifascista, accusò duramente Mussolini nel 1924. Tuttavia, durante la Repubblica Sociale Italiana, Silvestri cambiò opinione e divenne un forte sostenitore dell'innocenza di Mussolini nell'omicidio di Matteotti. Sostenne che Matteotti fosse stato ucciso da una cospirazione per danneggiare il tentativo di Mussolini di formare un governo di sinistra e coprire alcuni scandali che coinvolgevano la Corona e la compagnia petrolifera americana Sinclair Oil.

De Felice suggerì che Mussolini stesso potesse essere stato vittima di una cospirazione politica e che quasi certamente fosse stato danneggiato dalla crisi che seguì l'omicidio. Molti fascisti abbandonarono il Partito, e il governo rischiava di crollare. Inoltre, il tentativo segreto di Mussolini di coinvolgere

Socialisti e Popolari in un nuovo governo riformista fu rovinato.

Altri storici, tra cui Justin Pollard e Denis Mack Smith, ipotizzarono che Mussolini fosse probabilmente a conoscenza del complotto per l'assassinio, ma che fosse stato ordinato e organizzato da qualcun altro.

Mauro Canali suggerì che Mussolini avesse probabilmente ordinato l'omicidio, poiché Matteotti aveva scoperto e voleva rendere pubblici documenti compromettenti che dimostravano che Mussolini e i suoi associati avevano venduto alla Sinclair Oil i diritti esclusivi su tutte le riserve petrolifere italiane.

La controversia sul coinvolgimento di Mussolini nell'assassinio di Matteotti rimane irrisolta, con varie teorie che continuano a essere oggetto di dibattito tra gli storici.

L'omicidio di Matteotti ebbe gravi conseguenze politiche per l'Italia. Scatenò una forte critica al fascismo e portò alla crisi Matteotti, ma Mussolini riuscì a mantenere il potere nonostante le crescenti pressioni. La mancanza di una condanna definitiva contro di lui indebolì la credibilità delle istituzioni democratiche e contribuì alla stabilizzazione del regime fascista.

L'episodio rimane uno dei momenti più oscuri della storia italiana e continua a suscitare interesse e speculazioni tra gli storici e gli studiosi del periodo fascista. La verità completa sul ruolo di Mussolini nell'omicidio di Matteotti potrebbe non essere mai completamente chiarita, ma l'eredità di Matteotti come simbolo della resistenza al fascismo continua a ispirare coloro che lottano per la democrazia e i diritti umani in Italia e oltre.

Capitolo 5: Processi contro gli Assassini e Conseguenze

Sezione 1: Solo tre condanne e rilascio sotto amnistia.

Nel tumulto che seguì l'assassinio di Giacomo Matteotti, il panorama giudiziario si delineò con sfumature complesse e sfide intricanti. Solo tre individui – Amerigo Dumini, Giuseppe Viola e Amleto Poveromo – furono condannati per il rapimento e l'uccisione di Matteotti. Un verdetto che, a quanto pare, si risolse in una sorta di sospensione della giustizia, poiché presto vennero rilasciati sotto la benevolenza di un'amnistia reale.

L'amnistia, come atto di clemenza, suscitò una serie di interrogativi sulla tenuta del sistema legale in quei tempi travagliati. Mentre la decisione di concedere l'amnistia poteva essere interpretata come un tentativo di porre fine alle tensioni politiche crescenti, lasciò anche aperti i sentieri della speculazione. La mancanza di una condanna più severa alimentò il sospetto che le forze politiche più alte avessero manovrato sottilmente dietro le quinte.

Questo sviluppo, o meglio la sua apparente mancanza di risoluzione, gettò un'ombra sull'integrità del sistema giudiziario. La domanda che persisteva nella mente di molti era se l'amnistia fosse stata una mossa astuta per placare le crescenti proteste contro il regime fascista, o se fosse stata una vera risposta alla ricerca della verità e della giustizia.

L'assenza di una punizione più severa per coloro che erano stati direttamente implicati nell'assassinio di Matteotti gettò un'ombra persistente sull'eredità del fascismo e alimentò le fiamme di un malcontento latente. La società italiana rimase divisa e profondamente segnata da questo atto di violenza politica, il cui impatto si sarebbe protratto per gli anni a venire.

Gli eventi successivi alla liberazione dei condannati suscitarono interrogativi più ampi sulla stabilità politica del paese. La decisione di rilasciare gli imputati, sebbene sotto forma di amnistia, non poté impedire l'ulteriore erosione della fiducia del pubblico nel governo. Le tensioni aumentarono, e il malcontento divenne sempre più difficile da contenere.

Mussolini, sebbene apparentemente rafforzato dalla decisione di rilasciare i condannati, dovette confrontarsi con una crescente opposizione interna ed esterna. Il mondo osservò con attenzione come l'Italia si dibatteva tra il desiderio di stabilità e il richiamo della giustizia. La politica, la giustizia e la società erano intrecciate in un delicato equilibrio, la cui precarietà avrebbe avuto conseguenze significative per il futuro della nazione.

In questo capitolo intricato della storia italiana, la questione fondamentale rimase irrisolta: quale fu il vero prezzo pagato per la vita di Giacomo Matteotti, e quanto profondamente le cicatrici di quel tragico evento si insinuarono nel tessuto della società italiana? Solo il tempo avrebbe potuto rivelare la risposta a questa domanda, mentre il paese si muoveva avanti, portando con sé le cicatrici e le lezioni del passato.

Mentre la società italiana cercava di riprendersi dall'orrore dell'assassinio di Matteotti, il dibattito sulla sua esecuzione si estese a nuove dimensioni. Il ruolo di Benito Mussolini, il Duce del regime fascista, divenne oggetto di scrutino e controversie accese.

Storici di spicco, come Renzo De Felice, affrontarono apertamente la questione della responsabilità di Mussolini nell'assassinio di Matteotti. Tale dibattito non si risolse facilmente; le teorie divergenti si intrecciarono in una trama complessa di politica e giustizia.

De Felice, il principale biografo di Mussolini, esprimeva una convinzione decisa sulla non innocenza del Duce. Questa prospettiva non era isolata; altri intellettuali, tra cui Aurelio Lepre ed Emilio Gentile, concordavano sul fatto che Mussolini avesse voluto la morte di Matteotti.

Carlo Silvestri, ex giornalista socialista e antifascista, svolse un ruolo chiave nel dibattito. Inizialmente un feroce accusatore di Mussolini nel 1924, Silvestri cambiò radicalmente posizione dopo essersi unito alla Repubblica Sociale Italiana. Affermò che Mussolini gli aveva mostrato i documenti relativi al caso Matteotti, sostenendo poi che il socialista era stato ucciso in un complotto per danneggiare il tentativo di Mussolini di formare un governo di sinistra e per coprire alcuni scandali che coinvolgevano la Corona e la Sinclair Oil.

La complessità della situazione era amplificata dalla prospettiva di De Felice, che suggeriva che Mussolini stesso poteva essere stato una vittima politica di un complotto. L'idea che il Duce fosse danneggiato dalla crisi che seguì l'omicidio e che il suo tentativo segreto di coinvolgere socialisti e popolari in un nuovo governo riformista fosse stato rovinato contribuì a offuscare ulteriormente la verità.

Le opinioni degli storici variarono. Alcuni, come John Gunther, nel 1940 sottolinearono che "la maggior parte dei critici oggigiorno non pensa che il Duce abbia ordinato direttamente l'assassinio... ma la sua responsabilità morale è indiscutibile." Altri, tra cui Justin Pollard e Denis Mack Smith, suggerirono che Mussolini fosse probabilmente consapevole del complotto di assassinio, ma che era stato ordinato e organizzato da qualcun altro.

Mauro Canali avanzò l'ipotesi che Mussolini avesse probabilmente ordinato l'omicidio, poiché Matteotti aveva scoperto e voleva rendere pubblici documenti compromettenti che dimostravano che Mussolini e i suoi associati avevano concesso a Sinclair Oil diritti esclusivi su tutte le riserve petrolifere italiane.

Il dibattito su Mussolini e la sua connessione con l'assassinio di Matteotti si rivelò un intrigo intricato, lasciando aperte molte domande che la storia italiana doveva ancora affrontare con chiarezza e risolutezza. Mentre il tempo avanzava, la figura di Mussolini rimase al centro di un'enigma storico che sfidava una risoluzione definitiva.

Sezione 2: Mancanza di prove dell'implicazione diretta di Mussolini

Dopo l'assassinio di Giacomo Matteotti, il paese fu gettato nell'ombra di una ricerca frenetica della verità, con particolare attenzione all'eventuale coinvolgimento di Benito Mussolini. Tuttavia, durante i processi contro gli assassini di Matteotti, emerse una mancanza di prove dirette che collegassero il Duce all'atroce crimine.

L'inchiesta giudiziaria non riuscì a fornire un collegamento tangibile tra Mussolini e l'omicidio di Matteotti. Benché ci fossero sospetti e teorie che suggerivano la sua complicità, la corte non poté stabilire una connessione sufficientemente solida. Questo vuoto probatorio gettò un'ombra di incertezza sul coinvolgimento diretto del leader fascista nell'assassinio.

Il principale biografo di Mussolini, Renzo De Felice, insieme ad altri storici come Aurelio Lepre e Emilio Gentile, esaminò a fondo la questione e, sebbene con opinioni divergenti, condivise l'idea che Mussolini potesse non essere innocente. Tuttavia, la mancanza di prove concrete rese difficile stabilire la sua colpevolezza in tribunale.

Carlo Silvestri, giornalista ex socialista e anti-fascista, fu uno degli accusatori più accaniti di Mussolini inizialmente. Tuttavia, nel corso degli anni, Silvestri invertì la sua posizione e divenne un fermo difensore dell'innocenza di Mussolini nel caso Matteotti. Sostenne che l'omicidio fosse parte di un complotto per danneggiare il tentativo di Mussolini di formare un governo di sinistra e per coprire scandali che coinvolgevano la Corona e la Sinclair Oil Company.

De Felice avanzò l'ipotesi che Mussolini stesso potesse essere vittima di un complotto politico, e che la crisi che seguì l'omicidio danneggiò notevolmente il suo governo. L'abbandono di molti fascisti dal Partito e la prossima rovina del suo governo lasciarono Mussolini politicamente vulnerabile.

Storici come John Gunther e Denis Mack Smith sostennero che, sebbene Mussolini potesse non aver ordinato direttamente l'assassinio, la sua responsabilità morale era indiscutibile. Altri, come Justin Pollard, ritenevano che Mussolini fosse probabilmente a conoscenza del complotto ma che fosse stato organizzato da qualcun altro.

La mancanza di prove dirette durante i processi contro gli assassini alimentò il dibattito sulla responsabilità di Mussolini, creando un capitolo controverso nella storia italiana che avrebbe continuato a suscitare discussioni per decenni.

Questo capitolo turbolento nei processi contro gli assassini di Matteotti lasciò il paese diviso e Mussolini, pur non incriminato, portò con sé il peso dell'accusa morale, plasmando profondamente il corso della politica italiana del periodo.

Capitolo 6: Vita Personale e Famiglia

Sezione 1: Matrimonio con Velia Titta e Tre Figli

Giacomo Matteotti, oltre alla sua intensa vita politica, si distingueva anche per la sua vita familiare solida e dedicata. Nel 1912, egli incontrò Velia Titta, la giovane sorella del famoso baritono Ruffo Titta, un incontro che avrebbe plasmato il corso della sua vita personale. La loro unione culminò in un matrimonio celebrato con una cerimonia civile nel 1916.

Il legame tra Giacomo e Velia fu caratterizzato dalla comprensione reciproca e dal sostegno costante, elementi essenziali per affrontare i tumultuosi eventi politici dell'epoca. La coppia affrontò insieme le sfide dell'attivismo politico di Giacomo, soprattutto durante il periodo in cui egli si oppose apertamente al fascismo di Mussolini.

Dalla loro unione nacquero tre figli: Giancarlo, Matteo e Isabella. Ognuno di loro portava con sé l'eredità di un padre impegnato e coraggioso. Giancarlo, nato nel 1918, avrebbe successivamente intrapreso una carriera politica come deputato socialdemocratico dopo la Seconda Guerra Mondiale. La sua dedizione alla politica lo portò a ricoprire incarichi di rilievo, tra cui quello di Ministro del Turismo dal 1970 al 1972 e Ministro del Commercio Estero dal 1972 al 1974.

La famiglia Matteotti fu una fonte di sostegno fondamentale per Giacomo, specialmente durante i momenti più difficili della sua carriera politica. Tuttavia, la tragedia colpì la famiglia quando Giacomo fu rapito e ucciso nel 1924. Velia, rimasta vedova, dovette affrontare non solo il lutto per la perdita del marito, ma anche le difficoltà derivanti dalle circostanze politiche avverse.

Dopo la morte di Giacomo, Velia fu posta agli arresti domiciliari fino al settembre 1933. La sua salute e il suo cuore furono gravemente colpiti, e l'anno successivo, nel 1934, Velia si unì a Giacomo oltre la vita terrena. La sua figura divenne un simbolo di forza e resilienza, affrontando le avversità con dignità.

Le persone che offrirono il loro aiuto a Velia durante il periodo degli arresti domiciliari, tra cui Carlo Rosselli, furono anch'essi perseguitati. La solidarietà dimostrata nei confronti di Velia rifletteva il rispetto e l'ammirazione che Giacomo aveva guadagnato nel corso della sua vita dedicata alla difesa dei valori democratici e alla lotta contro il fascismo.

Il loro legame familiare e il sacrificio di Velia per difendere l'onore del marito si trasformarono in una testimonianza della forza intrinseca che può emergere anche nelle situazioni più avverse. La famiglia Matteotti, con la sua storia di dedizione e sacrificio, rimane un capitolo significativo nella narrazione della lotta contro il fascismo in Italia.

<u>**Sezione 2: Le sfide di Velia e il carcere dopo la morte di Matteotti**</u>

Dopo l'assassinio di Giacomo Matteotti, la vita di Velia si trasformò in un intricato labirinto di sfide e difficoltà. Rimasta vedova e con tre figli da crescere, la sua esistenza si intrecciò con le complesse vicende politiche e sociali dell'Italia dell'epoca.

La vedova di Matteotti, pur non avendo mai intrapreso attività politiche dirette, divenne involontariamente protagonista di un dramma che andava ben oltre la sfera privata. Subito dopo la morte di Giacomo, Velia si trovò sotto il peso della pressione politica e della minaccia del regime fascista. La sua abitazione divenne teatro di continue intimidazioni, e la presenza costante delle forze governative minacciava la sua serenità.

La situazione di Velia si aggravò ulteriormente quando fu posta agli arresti domiciliari. La sua casa, una volta luogo di famiglia e calore, divenne una sorta di prigione in cui il suo dolore per la perdita del marito si intrecciava con l'angoscia di una vita sottoposta a costante sorveglianza. Non solo doveva fare i conti con la tragica morte del suo amato Giacomo, ma anche con la minaccia costante di rappresaglie da parte del regime fascista.

Durante questo periodo buio della sua vita, Velia non fu sola. Persone coraggiose, spinte dalla stessa passione per la giustizia che aveva animato Giacomo, si adoperarono per sostenere la vedova e i suoi figli. Tra queste figure coraggiose c'era Carlo Rosselli, imprigionato anch'egli per il suo impegno antifascista. Nonostante le difficoltà, Velia riuscì a mantenere un legame con coloro che, come lei, resistevano al regime oppressivo.

Il periodo di arresti domiciliari fu estenuante per Velia. La sua salute fisica e mentale ne risentì profondamente. Il peso dell'incertezza sul futuro, il dolore per la perdita del marito e la costante tensione emotiva la segnarono in modo indelebile. Il sacrificio di chi le era vicino, come Carlo Rosselli, dimostra quanto la lotta per la giustizia e la verità avesse intrecciato le vite di coloro che si opponevano al regime fascista.

La morte di Velia, avvenuta poco dopo la fine degli arresti domiciliari nel settembre del 1934, sottolinea il prezzo umano di chi si trova ad affrontare un regime autoritario. La sua storia, come quella di tanti altri, rimane un monito sulla necessità di preservare la libertà e la dignità umana di fronte all'oppressione politica. La figura di Velia, insieme a quella di Giacomo Matteotti, continua a illuminare il cammino di coloro che cercano la verità e la giustizia in tempi oscuri.

Capitolo 7: Eredità e Riconoscimenti

Sezione 1: Monumenti in Onore di Matteotti

Giacomo Matteotti, figura emblematica nella lotta contro il fascismo, ha lasciato un'impronta indelebile nella storia politica italiana. La sua eredità è commemorata attraverso numerosi monumenti disseminati in luoghi significativi, testimonianza tangibile della sua coraggiosa opposizione al regime totalitario di Mussolini.

Uno degli omaggi più notevoli è il "Monumento a Giacomo Matteotti" situato lungo il Lungotevere Arnaldo da Brescia, il luogo tragico del suo rapimento e omicidio. Questa imponente opera scultorea, eretta nella città eterna di Roma, simboleggia la forza della sua voce contro la violenza fascista. La posizione strategica lungo il fiume Tevere crea un'atmosfera solenne, invitando i visitatori a riflettere sul sacrificio di Matteotti.

Oltre alla capitale, numerose altre città italiane hanno eretto monumenti dedicati a Matteotti, sottolineando l'importanza nazionale della sua testimonianza. Questi monumenti, spesso caratterizzati da sculture evocative e iscrizioni significative, fungono da luoghi di riflessione e ricordo per le generazioni presenti e future.

Il "Sentiero Matteotti" è un'espressione tangibile di riconoscimento nella sua città natale, Fratta Polesine, nella provincia di

Rovigo. Questo sentiero, arricchito da pannelli informativi e opere d'arte commemorative lungo il percorso, celebra la vita e il coraggio di un uomo che si oppose strenuamente alla deriva totalitaria della sua epoca.

In aggiunta ai monumenti fisici, Matteotti è stato onorato attraverso la cultura cinematografica. Il regista Florestano Vancini, nel suo film "L'Assassinio di Matteotti" del 1973, ha immortalato la storia di Matteotti sul grande schermo, con l'attore Franco Nero nel ruolo principale. Questa rappresentazione artistica non solo rievoca gli eventi cruciali della sua vita, ma contribuisce anche a mantenere viva la memoria collettiva delle sfide affrontate dal politico socialista.

L'eredità di Giacomo Matteotti vive anche nei testi accademici, nelle opere di storici e nelle discussioni sul periodo tumultuoso della sua vita politica. La sua figura è oggetto di studi approfonditi che cercano di comprendere il contesto storico e la sua influenza nella resistenza al fascismo.

In conclusione, i monumenti eretti in onore di Giacomo Matteotti non sono solo segni tangibili della sua resistenza, ma rappresentano anche un richiamo costante all'importanza di difendere i valori democratici e la libertà individuale. La sua eredità vive nei cuori di coloro che riconoscono il coraggio di fronte all'oppressione e continua a ispirare coloro che si battono per la giustizia e i diritti umani in tutto il mondo.

Sezione 2: Rappresentazione nel film di Florestano Vancini "L'Assassinio di Matteotti."

La vita e il sacrificio di Giacomo Matteotti hanno attraversato il confine tra la realtà e l'arte cinematografica, trovando una potente espressione nella pellicola "L'Assassinio di Matteotti" diretta da Florestano Vancini nel 1973. Questa rappresentazione cinematografica ha catturato in modo straordinario il clima politico tumultuoso dell'Italia degli anni '20, fornendo uno sguardo avvincente sulla tragedia che ha segnato il destino di Matteotti.

Il regista Vancini, noto per la sua maestria nel portare sullo schermo eventi storici complessi, si è impegnato a dare vita alla storia di Matteotti, sottolineando sia l'eroismo che la tragica fine del politico socialista. La scelta di Franco Nero per interpretare Matteotti si è rivelata ispirata, poiché l'attore è riuscito a incarnare con maestria la passione, la determinazione e la vulnerabilità di Matteotti.

Il film si apre con la vivida ricostruzione del discorso pronunciato da Matteotti in Parlamento il 30 maggio 1924, un momento cruciale che avrebbe segnato il suo destino. La narrazione si sviluppa poi attraverso flashbacks che rivelano la vita personale di Matteotti, la sua lotta contro il fascismo e le tensioni politiche dell'epoca. Vancini ha abilmente mescolato elementi drammatici con accurati dettagli storici, offrendo al pubblico una visione coinvolgente e informativa.

La rappresentazione dell'assassinio di Matteotti è stata gestita con una sensibilità particolare, cercando di rispettare la gravità dell'evento senza scadere nel sensationalismo. La scena in cui Matteotti è rapito e successivamente ucciso è stata trattata con sobrietà, ma al contempo con un impatto emotivo che non può lasciare indifferenti gli spettatori.

Uno degli aspetti più notevoli del film è la capacità di Vancini di catturare l'atmosfera dell'epoca, ricreando con precisione gli scenari politici e sociali dell'Italia degli anni '20. La fotografia, la scenografia e la colonna sonora contribuiscono a immergere gli spettatori in un'epoca di tensioni politiche e di profonde trasformazioni.

La pellicola non si limita a raccontare la vita di Matteotti, ma si propone anche di onorarne l'eredità. Attraverso la rappresentazione delle reazioni del pubblico all'omicidio e delle conseguenze politiche che ne sono derivate, il film si fa veicolo di riflessione sulla forza morale di Matteotti e sul suo impatto duraturo sulla coscienza politica italiana.

"L'Assassinio di Matteotti" ha ricevuto riconoscimenti e premi, ma il suo vero successo risiede nella capacità di trasmettere in modo autentico e coinvolgente la storia di un uomo che ha pagato il prezzo più alto per la sua integrità e il suo impegno politico.

Conclusione

Giacomo Matteotti rimarrà per sempre una figura iconica nella storia italiana, un simbolo di coraggio, integrità e determinazione nella lotta contro il fascismo. La sua vita è stata segnata da un impegno incrollabile per i valori della democrazia, della giustizia sociale e della libertà. Attraverso la sua parola eloquente e il suo coraggio nel denunciare le ingiustizie e le violenze del regime fascista, Matteotti ha ispirato intere generazioni di italiani a difendere i principi fondamentali della dignità umana e dei diritti civili.

L'assassinio brutale di Matteotti il 10 giugno 1924 ha scosso profondamente la coscienza nazionale e ha scatenato una crisi politica senza precedenti. La sua morte ha evidenziato la brutale realtà del regime fascista e ha spinto molti italiani a prendere posizione contro l'autoritarismo e l'oppressione. Le conseguenze politiche e sociali dell'omicidio di Matteotti sono state immense, portando a una crescente opposizione al regime fascista e alla nascita di un movimento di resistenza che avrebbe alla fine contribuito alla caduta del regime.

Nonostante i tentativi di occultare la verità e di negare la responsabilità politica per l'assassinio, la figura di Matteotti è rimasta un faro di speranza e di giustizia per coloro che continuavano a lottare per un'Italia libera e democratica. Le indagini sul suo omicidio hanno rivelato il coinvolgimento di membri prominenti del regime fascista, alimentando le controversie e le speculazioni sul ruolo di Benito Mussolini nell'ordine dell'assassinio. Anche se non ci sono prove concrete del diretto coinvolgimento di Mussolini nell'assassinio di Matteotti, il suo ruolo nella creazione di un clima politico e sociale che ha reso possibile tale violenza è indiscutibile.

L'eredità di Matteotti vive ancora oggi attraverso i monumenti eretti in suo onore, le opere letterarie e cinematografiche che raccontano la sua storia, e soprattutto attraverso l'ispirazione che continua a fornire a coloro che lottano per la giustizia e la libertà in tutto il mondo. La sua voce rimane un monito contro il totalitarismo e un richiamo alla difesa dei valori democratici e dei diritti umani universali.

In un'epoca in cui i principi democratici sono ancora una volta minacciati da forze autoritarie e populiste, la vita e il sacrificio di Giacomo Matteotti ci ricordano l'importanza di rimanere vigili e impegnati nella difesa della democrazia e della libertà. La sua storia ci insegna che anche di fronte alla più grande avversità, la voce di un singolo individuo può risuonare come un urlo di libertà e di speranza per un futuro migliore.

Giacomo Matteotti resterà per sempre un eroe della lotta per la libertà e la giustizia in Italia e nel mondo, un simbolo di speranza e di coraggio per le generazioni presenti e future. Che il suo esempio continui a illuminare il cammino di coloro che continuano a battersi per un mondo più giusto e umano, in cui i valori della democrazia e della dignità umana siano difesi e rispettati da tutti.

La sua memoria sarà per sempre onorata e il suo spirito continuerà a vivere nei cuori di coloro che credono nella forza della verità e nella nobiltà della causa per cui ha sacrificato la sua vita. Che Giacomo Matteotti sia per sempre ricordato come un eroe della libertà e un difensore incrollabile della democrazia, il cui sacrificio non sarà mai dimenticato.